I0026508

LA

Grève Générale des Mineurs

DANS LE NORD & LE PAS-DE-CALAIS

1891

L⁵ʳ
1891

L⁵ʳ b
10651.

DÉPÔT LÉGAL
Seine
N° 7350
1892

LA
GRÈVE GÉNÉRALE DES MINEURS
DANS LE NORD & LE PAS-DE-CALAIS
1891

La notice qu'on va lire est un simple exposé, sans commentaires, des circonstances qui ont marqué la grève générale des mineurs du bassin houiller du Nord de la France.

Ce n'est pas au lendemain d'un mouvement aussi formidable, alors que ceux qui en ont été les auteurs ou les témoins en ont encore l'esprit troublé, qu'on peut étudier la philosophie des évènements. Plus tard l'histoire impartiale abordera cette grave question et le moraliste pourra en tirer des conséquences; mais, quelles que soient sa valeur et son autorité, il se heurtera dans cet examen à des causes si multiples, et si peu connues, qu'il lui sera bien difficile de dégager la vérité. Et, quand il sera venu à bout de cette tâche ardue, il se trouvera en présence de résultats qui étonneront bien des gens et qui le surprendront lui-même. Aussi, laissant à l'avenir le soin de juger, me bornerai-je à retracer par ordre de dates, les différentes phases d'une curieuse évolution.

Dans les premiers jours de novembre, le public apprend, par les journaux que le Syndicat des mineurs a soulevé la question des grèves dans une réunion qu'il a tenue à Lens.

Déjà, depuis l'origine de cette association, des grèves partielles avaient éclaté sur divers points du bassin, notamment dans les concessions de Vicoigne et de Carvin, mais elles n'avaient abouti qu'à introduire la gêne et la misère au foyer des travailleurs.

Voilà, disent les chefs du Syndicat, le résultat des tentatives isolées. Si l'on veut obtenir quelque chose il faut une action d'ensemble.

D'autre part, la baisse qui s'était produite dans les cours de vente du charbon avait, en ralentissant la production, un peu réagi sur le gain journalier du mineur. Les représentants du Syndicat en profitent pour faire entendre aux mineurs qu'ils sont menacés d'une diminution des salaires.

Cela était faux, mais l'effet était produit et la réunion décide qu'on provoquera par un plébiscite, les populations minières à manifester leur sentiment au sujet d'une grève générale.

Pendant une semaine entière les votes sont recueillis sous enveloppes par les délégués du Syndicat ouvrier.

On comprendra que de singuliers abus devaient se glisser dans cette nouvelle manifestation du suffrage universel.

Ainsi, voit-on des galibots âgés de quinze ans, non seulement voter, mais encore voter successivement dans des Compagnies différentes.

Le dimanche, 8 novembre, a lieu dans une réunion publique des délégués à Lens, le dépouillement général du scrutin, qui donne les résultats suivants :

VOTANTS : **19.008**

Pour la grève.......... 12.183
Pour le travail........ 6.708
Bulletins nuls.......... 117

Il convient de remarquer que 3,000 ouvriers des mines de Marles qui chômaient depuis un mois n'avaient pas pris part au scrutin, et en outre, que le tiers environ des mineurs du Pas-de-Calais s'était abstenu. Aussi est-il permis de se demander si le vote proclamé traduisait bien réellement le sentiment de la majeure partie de la population ouvrière.

Alors, pour justifier aux yeux du public le vote de la grève, les ouvriers élaborent un programme de revendications qui devra être présenté aux Compagnies ; et, forts du courant populaire qu'ils viennent de déterminer, les délégués annoncent que si dans huit jours, satisfaction ne leur est pas donnée, le travail cessera sur tous les points du bassin.

Les réclamations adressées au Comité des houillères sont les suivantes :

1° Répartition plus équitable des salaires ;
2° Une moyenne de 5 fr. 50 par jour, prime non comprise ;
3° Réorganisation des caisses de retraites et de secours ;
4° Huit heures de travail ;
5° Réintégration des ouvriers congédiés pour faits de grève ou pour organisation de syndicat, et engagement pris par les Compagnies de ne plus congédier dorénavant d'ouvriers pour grève ou faits connexes.

Les ouvriers se réservaient en outre le droit d'adresser à leurs Compagnies respectives des réclamations visant des points particuliers. Nous ne citerons à titre d'exemple, que celles qui furent soumises aux Compagnies des mines de Béthune, Drocourt, Nœux et Meurchin.

Compagnie de Béthune

1° Qu'il ne soit plus imposé d'amendes pour sale charbon, attendu que la confiscation de la berline doit être suffisante.

2° En cas de non acceptation de la journée de 8 heures, que les ouvriers remontent à 1 heure et demie, comme cela se pratique dans les autres Compagnies.

3° Remplacement des *instituteurs congréganistes* par des *instituteurs laïques.*

4° Que le matériel servant à l'ouvrier soit conduit à proximité des tailles.

5° Que les punitions imposées aux délégués du syndicat soient rapportées.

6° Que chaque ouvrier soit libre de faire charroyer son charbon.

7° Les ouvriers réclament que les médecins soient plus exa... à leur besogne.

8° Que l'augmentation des salaires réclamée pour les ouvriers du fond, soit appliquée aux ouvriers du jour.

Aux Mines de Drocourt

1° L'adoption avec quelques légéres modifications du règlement de la caisse de secours en usage aux mines de Dourges ;

2° L'installation de coffres où les ouvriers puissent mettre leurs vêtements et leurs outils pendant la saison d'hiver ;

3° Remise des outils par deux des ouvriers les plus âgés et moyennant un salaire de 3 fr. 50 à prélever sur une retenue de 0 fr. 20 par quinzaine aux mineurs ;

4° Que les réparations de lampes ne soient plus aux frais des ouvriers ;

5° Qu'il ne soit plus supprimé de berlines non pleines à leur arrivée au jour ;

6° La descente à trois heures au lieu de 5 heures pour la coupe à terre ;

7° Que les matériaux pour les ouvriers soient transportés le plus près possible de l'endroit où ils doivent être employés ;

8° Que les ouvriers ne travaillent plus seuls ;

9° Que la meule soit mise en mouvement par la force motrice ;

10° Qu'on ait plus d'égards pour les ouvriers ;

11° Que les ouvriers du niveau 550 aient la cage à cette étage et non au niveau de 600 mètres ;

12° La suppression des mauvaises rallonges et du mauvais bois ;

13° Une prime de 10 0/0 pour les ouvriers du jour ;

14° Que la garde des barrières soit confiée aux veuves des ouvriers.

Les revendications des mineurs de Nœux

1° Qu'un aide travaillant à la veine depuis six mois ne puisse plus être déplacé pour être employé comme hercheur ;

2° Que les hercheurs cessent d'être à la charge des houilleurs et soient payés par la Compagnie ;

3° Que les enfants au-dessous de 16 ans remontent après huit à neuf heures de travail ;

4° Que la longue coupe du samedi soit supprimée ;

5° Que des améliorations suffisantes soient apportées à l'aérage ;

6° Que le prix de l'abattage actuellement fixé à 0 80 ou 0 90 c. le mètre cube, redevienne ce qu'il fut après la grève de 1889, soit 1 franc par mètre cube ;

7° Que l'économat de la Compagnie soit supprimé.

A Meurchin

Les mineurs de Meurchin dressent également la liste de leurs vœux, quelques-uns concernent uniquement des individualités, telle la demande suivante :

« Qu'on accorde à Léon Vanesse son indemnité qu'il n'a pas reçue depuis deux ans et demi. » (!)

— Jusqu'ici le mouvement ne s'était étendu qu'au Pas-de-Calais, mais les mineurs du Nord, gagnés par l'exemple, s'émeuvent à leur tour, et, ce même jour, 8 novembre, les ouvriers des Compagnies de l'Escarpelle, Aniche et Douchy provoquent également un plébiscite analogue à celui dont le Pas-de-Calais leur a donné l'exemple.

Dès le jeudi suivant, 12 novembre, le Comité des houillères saisi des revendications ouvrières, se réunit pour étudier la suite qu'il est possible de leur donner.

Comme il a été dit au début, je veux m'abstenir de toute espèce d'appréciation.

C'est pourquoi je me bornerai à reproduire, sans y ajouter un seul mot, la réponse que le comité des houillères adressa le même jour au syndicat des ouvriers mineurs.

DEMANDES :

Le syndicat réclamait :

1° La répartition plus équitable des salaires ;

2° Une moyenne de 5 fr. 50 par jour, prime non comprise ;

3° La réorganisation des caisses de retraites et de secours ;

4° Huit heures de travail ;

5° La réintégration des ouvriers congédiés pour faits de grève ou pour organisation de syndicats, et l'engagement pris par les Compagnies de ne plus congédier dorénavant les ouvriers pour grève ou faits connexes.

RÉPONSES DU COMITÉ

Première réclamation. — Sous cette forme vague, le Comité déclare qu'il n'a pu se faire une idée du grief allégué, la répartition des salaires se faisant non d'une façon arbitraire, mais dépendant de l'expérience, de la capacité et de la force de chaque ouvrier.

Deuxième réclamation. — Les ouvriers gagnant en moyenne 5 fr. 25 par jour, non compris les allocations accessoires de charbon, secours, réductions de loyer, etc., évalués à 47 centimes par jour de travail. Une moyenne de 5 fr. 50, majorée d'une prime de 20 0/0 équivaudrait à un salaire de 6 fr. 50 par jour. Les Compagnies déclarent qu'elles « ne peuvent garantir cela. »

Troisième réclamation. — Les caisses de secours qui fonctionnent dans la presque totalité des houillères du nord de la France sont régies par des réglements spéciaux à chaque Compagnie et acceptés par les ouvriers comme condition de leur engagement dans la mine et qui diffèrent essentiellement des caisses de retraite. La Chambre des députés a été saisie de divers projets de loi pour la réglementation de ces deux sortes de caisses et les commissions parlementaires chargées de l'examen de ces projets, ont entendu les ouvriers mineurs et les Compagnies.

Parmi ces dépositions figurent celle du Comité des houillères ainsi que sa proposition d'établir dorénavant deux caisses distinctes l'une de secours, l'autre de retraite, en créant un livret personnel à chaque ouvrier, quelle que fût la Compagnie où il engagerait successivement ses services. Ce projet de loi a été discuté et voté à la Chambre des députés. « Les Compagnies houillères qui s'y étaient ralliées désirent comme vous, le voir aboutir le plus vite possible. »

Quatrième réclamation. — L'enquête du ministre des travaux publics a établi que, dans le bassin houiller du Pas-de-Calais, qui occupe 43.000 ouvriers à l'intérieur : 1° Le nombre d'heures de présence est de neuf heures quatre minutes ; 2° Le nombre d'heures de travail effectif de huit heures huit minutes.

Cinquième réclamation. — Le Comité répond que les Compagnies n'ont jamais considéré si leurs ouvriers étaient ou non syndiqués, mais uniquement s'ils leur rendent les services qu'elles sont en droit d'attendre d'eux. « L'ouvrier peut toujours quitter la compagnie qui l'occupe ; celle-ci doit jouir de la même faculté et pouvoir donner congé à ceux de ses ouvriers dont elle n'a plus besoin ou dont les services ne la satisfont pas. Cette réciprocité est juste et ne peut être mise en discussion. »

— Le dimanche 15 novembre, a lieu à Lens la réunion des délégués du syndicat ouvrier qui, après avoir pris connaissance de la réponse du Comité des houillères, et, agissant, disent-ils, en vertu d'un *mandat impératif* prennent à la majorité de 48 voix contre 46, la résolution de proclamer la grève générale.

Il est utile de constater ici :

1° Que lors de la consultation ouvrière, un tiers seulement des mineurs s'était prononcé pour la suspension du travail ;

2° Qu'au moment de la réunion des délégués, le déplacement d'une voix aurait été suffisant pour empêcher la crise.

Dès le lendemain, le travail était arrêté dans toutes les concessions, mais en fait la grève est loin d'être générale. Beaucoup d'ouvriers se présentent encore pour la descente.

Le mardi, 2.768 ouvriers parviennent encore à se rendre au travail, sur 23.864 inscrits à ce moment sur les contrôles.

C'est à ce moment qu'on s'adresse aux mineurs étrangers, en vertu du grand principe de la solidarité des peuples. Voici l'appel aux mineurs, rédigé par le citoyen Jouveneaux, cabaretier à Dorignies :

« A nos frères, les mineurs d'Angleterre, de Belgique, d'Allemagne, d'Autriche.

« Citoyens, nos frères,

« Elle est encore récente la date où vos délégués et les nôtres fraternisaient dans un congrès solennel tenu à Paris. Ce jour-là, jour qui ne s'effacera jamais de nos mémoires, vous avez mis loya-

lement votre main dans la notre et vous nous avez dit : « Il n'y a
« plus de frontières entre nous; nous marcherons avec vous aux
« seules conquêtes qu'un travailleur honnête peut rêver : la justice
« et la liberté dans le travail. »

« Frères, l'heure est venue de tenir votre parole. Obligés, à
notre grand regret, d'entrer en lutte avec nos exploiteurs, nous
allons employer l'unique arme qui soit à notre disposition : la grève!
la grève avec son cortège de misères et de privations! la grève avec
son supplice obligatoire : l'oisiveté!

« Frères, vous ne nous abandonnerez pas dans les circonstances
douloureuses que nous allons traverser.

« Nous n'irons pas jusqu'à vous demander de nous suivre dans
ce mouvement de résistance; ce que nous attendons de vous, ce
que, d'ailleurs, nous nous sommes promis mutuellement, c'est que,
de votre côté, vous ne produisiez de charbon que ce qui est néces-
saire à la consommation de votre nation : travaillez pour vos Compagnies respectives, mais faites en sorte que ces Compagnies ne
puissent pas venir chez nous et suppléer au manque de combustible
qui doit nécessairement résulter de notre inaction.

« Frères, ayez conscience que de votre concours, concours tout
négatif, dépend le succès de notre cause. Nous sommes cinquante
mille qui venons vous dire : Par delà vos frontières, tendez-nous
cette main loyale que nous avons serrée avec tant d'effusion au dernier congrès. Ayez pitié de nos femmes et de nos enfants, qui souf-
frent parce que le chef de la famille ne peut pas obtenir justice et
répand sa sueur en pure perte.

« Frères, soyons unis ! A bas les frontières ! A bas la haine des
peuples ! A bas tout ce qui peut diviser les travailleurs !

« Que les puissants forgent des chaînes pour nous asservir et
des armes pour nous détruire! mais que le monde entier sache bien
que nous, mineurs de tous pays, nous ne voulons que la paix et
l'union; que nous entendons ne combattre que le combat pour l'exis-
tence et ne nous servir d'autre arme que de notre pic, qui amène le
bien-être dans nos foyers et qui contribue à la prospérité de l'hu-
manité.

« Frères, nous comptons sur vous; vous vous rappellez que
notre devise est : « Travail et solidarité! » et vous veillerez à ne pas
compromettre notre cause.

« Au nom des Syndicats du Nord, salut fraternel.

« *Le président*, Émile Jouvenaux. »

Hélas! nos mineurs français, qui, disent-ils, ne veulent que la
paix et l'union, passent sans tarder à la violence.

La grève est organisée militairement.

Tous les soirs des patrouilles sont formées, qui sillonnent les abords de chaque fosse. De petits postes forment autour des puits et chantiers une ligne d'investissement. Les ouvriers qui veulent se rendre au travail sont arrêtés, insultés, frappés. Ceux qui parviennent à déjouer la surveillance des grévistes, et à descendre, sont, dans la personne de leur femme et de leurs enfants, l'objet d'agressions inqualifiables.

Bientôt il est impossible à âme qui vive de pénétrer jusqu'aux fosses. Les ingénieurs, les mécaniciens, et les chauffeurs eux-mêmes, ne peuvent franchir les colonnes qui interceptent les communications.

Dans plusieurs fosses, les feux s'éteignent faute de chauffeurs, les machines n'ont plus de mécaniciens, et, l'épuisement étant interrompu, l'eau monte dans les puits.

Si le but poursuivi n'était pas aussi discutable, il faudrait admirer l'organisation des grévistes, qui, par escouades, sections et compagnies, manœuvrent militairement.

Un colonel du génie dont le régiment avait été appelé pour le maintien de l'ordre, rencontrant un soir, à la tête d'une colonne de grévistes, un de ses anciens sous-officiers, lui demandait : « Un tel, que fais-tu là ? » Et l'autre de répondre : « Mon colonel, j'applique le service en campagne. » La réponse est topique, mais elle est vraie.

Hélas ! la liberté du travail n'est plus qu'un vain mot, et les violences grandissent chaque jour.

Pendant ce temps, les ouvriers de Billy-Montigny, à Courrières, où deux fosses se trouvent placées au centre des corons, continuaient à se rendre chaque matin au travail. L'enceinte des corons était gardée par la troupe, qui en interdisait l'accès aux bandes grévistes, et les ouvriers n'ayant par conséquent à redouter ni les violences exercées contre eux, dans le trajet de leur habitation aux puits, ni les vengeances sur la personne de leur femme et de leurs enfants pendant qu'ils étaient au travail, continuaient tranquillement leur genre de vie habituel.

Il va sans dire que le maintien du travail dans cette Compagnie avait le don d'exaspérer les chefs du mouvement gréviste. Aussi, des bandes de plusieurs milliers d'hommes, s'étaient-elles efforcées à différentes reprises, de pénétrer dans les corons. N'ayant pu parvenir à forcer les abords du village, on en fit le siège en règle ; l'investissement fut complet, et enfin dans un dernier assaut la place fut emportée.

Dès ce moment le travail cessa, dans tout l'ensemble des Compagnies du Nord et du Pas-de-Calais, sauf celle d'Anzin.

Cet incident était considéré comme une si grande victoire que, dans les conférences ouvrières qui avaient lieu quotidiennement, on comparait la violence exercée à Billy-Montigny, à la prise de la Bastille !

D'ailleurs, tous les moyens sont mis en œuvre pour forcer les ouvriers au chômage.

Ici, on déshabille en pleine route les passants, pour s'assurer que, sous des vêtements bourgeois, ne se cachent pas des habits de travail. Là, on arrête la nuit, les voitures, pour examiner, tout comme en une visite douanière s'il ne s'y trouve pas d'outils.

On comprend que de pareils procédés exaspèrent les plus patients, et que des malheurs se produisent.

« A Auchel, on nous signale de véritables actes de brigandages qui auraient été accomplis dans les environs par quelques grévistes ; des voitures de marchands de lait auraient été pillées, une voiture régimentaire pleine de vivres aurait subi le même sort. » (*Nouvelliste* du 23 novembre 1891.) « — Un mineur non gréviste, le nommé Clément Payen, de la fosse Douchy, père de neuf enfants est venu déclarer aujourd'hui au maréchal des logis de gendarmerie, que, étant chaque jour menacé d'être jeté à l'eau, il avait acheté un revolver pour se défendre.

Le maréchal des logis afin d'éviter de fâcheuses complications a saisi ce revolver et promis d'ouvrir une enquête au sujet des menaces. Payen se plaint. » (*Nouvelliste* du 1er décembre 1891).

Tantôt, ce sont des voitures de commerçants et même un fourgon du train régimentaire qui sont dévalisés et pillés ; tantôt, des agressions violentes contre les personnes, qui deviennent bientôt de véritables combats ; tantôt enfin, comme à Méricourt, des bagarres sanglantes qui causent de nombreuses victimes.

On se rendra compte de la surexcitation des esprits quand on saura que la perspective de détruire les puits, et de se priver ainsi pour longtemps de toute faculté de gagner leur vie n'arrêtait pas les grévistes lorsqu'il s'agissait d'empêcher par la force les mécaniciens et chauffeurs de venir procéder à l'épuisement des eaux, qui de la sorte, envahirent plusieurs sièges d'extraction.

On allait même jusqu'à proposer, chose bien grave pour des ouvriers, de réunir les cabaretiers du bassin, pour leur demander de ne plus servir à boire aux *faux-frères*. Les cabaretiers qui les recevraient chez eux, seraient à leur tour considérés comme *faux-frères*, et personne n'irait plus dans leur établissement. (Menace d'ailleurs qui ne devait guère effrayer ces honnêtes commerçants,

2

car, s'il est une grève qu'on ne doive jamais redouter, c'est à coup sûr celle des buveurs.)

— La grève entre à ce moment dans une nouvelle phase.

Le 19 novembre, M. Basly, député de Lens, interpelle le gouvernement à la Chambre des Députés, pour lui demander d'intervenir dans le conflit pendant entre patrons et ouvriers.

Il ne nous appartient pas d'entrer ici dans un débat réellement pénible; nous n'en retiendrons qu'un passage du discours de M. le Ministre des travaux publics relatif aux caisses de secours et de retraite et aux autres institutions philanthropiques, instituées par les Compagnies en faveur de leurs ouvriers. Ces paroles ne doivent pas en effet sortir de notre mémoire.

M. Yves Guyot s'exprimait ainsi :

(*Journal Officiel* du 20 novembre 1891. — Débats parlementaires, Chambre des députés; page 2224) :

« Les Sociétés des mines ont eu le très grand tort de vouloir faire trop de philantropie. (Exclamations ironiques à gauche).

« Attendez ce que je vais vous dire!

« Elles ont eu le tort de vouloir trop intervenir pour protéger les caisses de secours et de retraite, de vouloir s'ingérer dans leur administration et de ne pas tenir un compte suffisant des désirs d'administration de ceux qui y participaient comme elles, par leur quote-part.

« Il en est résulté des tiraillements de tout genre, des récriminations que vous avez entendues. En définitive, il faut bien dire que ces caisses de secours et de retraite n'ont pas bien fonctionné. Nous croyons qu'il faut respecter l'individualité de l'ouvrier au point de vue des caisses de secours et de retraites. Nous considérons qu'il faut que les versements soient constatés au livret individuel de manière que l'ouvrier puisse quitter la mine sans risquer de perdre sa mise; de même que les directeurs de la mine, s'ils n'estiment pas que ses services correspondent à son salaire, ou si, pour des motifs d'indiscipline, ils sont obligés de s'en séparer, doivent pouvoir recouvrer à leur égard toute leur liberté sans qu'on pût soupçonner leur intention. Il y a eu là une erreur. Les Compagnies houillères ont voulu lier trop intimement l'ouvrier; elles ont voulu qu'il restât trop sous leur dépendance..... »

Je n'ajouterai pas un mot de commentaire, mais je pense qu'il était bon d'enregistrer cette nouvelle théorie sociale qu'on pourrait intituler: « de la philanthropie, et de ses inconvénients ! ».

Au surplus, tout l'intérêt, tout le côté pratique de l'interpellation fut ce véritable coup de théâtre, cet engagement solennel, par lequel M Basly, s'engagea, au nom de tous les ouvriers en grève, à accepter l'arbitrage, tel qu'il serait proposé par le gouvernement.

Mais laissons la parole au *Journal Officiel*; (même numéro que ci-dessus page 2231).

« Monsieur le Président du Conseil.

« Messieurs, dans la première partie de mon discours je m'étais appliqué à démontrer qu'il était un ordre de faits — et la grève actuelle est du nombre — sur lesquels le Gouvernement ne pouvait agir que par l'action morale en faisant entendre aux deux parties des conseils de nature à les ramener à une plus saine appréciation de leurs intérêts réciproques.

« J'ai dit que dans toutes les circonstances où le Gouvernement pourrait exercer cette action, — non pas évidemment par l'entremise de ses membres, mais par d'autres intermédiaires convenablement choisis — non seulement il ne se déroberait pas à ce devoir, mais qu'il irait au devant, désireux, autant que l'honorable M. Clémenceau, d'éviter toutes les conséquences des grèves. Mais nous demandons à la Chambre de ne pas nous donner un mandat limité et impératif. (Très bien! Très bien! au centre et sur divers bancs à gauche).

« Je crois en avoir dit assez pour avoir le droit de réclamer sa confiance dans cette circonstance. (Rumeurs à l'extrême gauche. — (Très bien! Très bien! au centre et sur divers bancs à gauche).

« Permettez! Je suis Président du Conseil, j'ai ma responsabilité; et ma conduite actuelle est celle que je dois tenir.

« J'ai suffisamment exprimé les sentiments qu'inspirent au Gouvernement les évènements qui se déroulent; et j'ai fait ressortir son désir d'y trouver un remède.

« J'en ai dit assez pour que la Chambre puisse s'en remettre à nous. (Bruit à l'extrême gauche). Ceux qui pensent autrement voteront contre nous. (Mouvements divers).

« Je répète que j'en ai dit assez. Si la Chambre a confiance dans les ministres qui ont parlé devant elle, elle doit s'en rapporter à leur prudence et à leur bonne volonté, qui n'est pas douteuse, pour faire tout ce que permettront les circonstances. Un mandat étroit et limité, nous ne pouvons pas l'accepter par la raison que nous n'avons pas le pouvoir d'imposer ces solutions ni à l'une ni à l'autre partie. (Très bien! Très bien!).

« M. BASLY. — Je prends au nom des ouvriers l'engagement qu'ils acceptent l'arbitrage. (Vifs applaudissements à gauche.)

« M. PICHON. — Que les patrons fassent la même déclaration !

« M. Terrier. — La parole est aux actionnaires.

« M. le Président du Conseil. — Je me joins aux applaudissements que vous venez de faire entendre. J'espère, je désire surtout que l'assurance apportée par M. Basly se réalise ; je le répète encore, je crois en avoir assez dit, et nos intentions sont assez manifestes.....

« M. Camille Pelletan. — Non !

« M. le Président du Conseil.— Si elles ne le sont pas pour vous, vous voterez contre le Gouvernement. Je demande à la Chambre de s'en rapporter à nous pour agir dans la limite de nos attributions. Si vous n'avez pas cette confiance en nous..... (Interruptions à l'extrême gauche.)

« M. le Président. — (S'adressant aux interrupteurs.) Mais enfin Messieurs, laissez M. le Président du Conseil entendre son devoir comme il lui convient. Ce n'est pas vous qui avez la responsabilité.

« M. le Président du Conseil.— Je ne serais plus à cette tribune si on ne m'avait pas interrompu, car je n'avais qu'un seul mot à ajouter. Je demandais à la Chambre de nous laisser agir dans la limite de nos attributions et sous notre responsabilité ; j'ajoutais et c'était sur cette parole que je désirais descendre — que si la Chambre n'avait pas cette confiance en nous, nous n'aurions pas la force suffisante pour réussir. (Applaudissements au centre et sur divers bancs à gauche.)

« M. Clémenceau. —C'est le contraire ! C'est de la force que vous refusez !

« M. Basly. — Je demande la parole.

« M. le Président. — La parole est à M. Basly. (Aux voix ! Aux voix !)

« M. Basly. — Messieurs, je suis remonté à cette tribune, pour dire deux mots seulement. J'ai déclaré tout à l'heure, de ma place, en interrompant M. le Président du Conseil, que les mineurs accepteraient l'arbitrage. Je suis autorisé à l'affirmer parce que, indirectement, dans les couloirs de la Chambre, à plusieurs de nos collègues de la droite, qui sont administrateurs de Compagnies houillères, j'ai dit de proposer au Conseil des houillères, cette sorte d'arbitrage, et que les ouvriers, quels qu'ils soient, prendraient l'engagement de descendre le lendemain dans la mine. Je représente ici ces ouvriers, j'accepte l'arbitrage. (Applaudissements sur divers bancs à l'extrême gauche. — Mouvements divers. — Parlez. Parlez.)

« M. le comte Colbert-Laplace. — Nous représentons ici les ouvriers au même titre que vous.

M. Basly. — Je représente ici une circonscription composée en majeure partie d'ouvriers mineurs. Je déclare de nouveau que les mineurs accepteront l'arbitrage, qu'il y a ici dans cette Chambre des députés, qui non seulement représentent, puisque ils le prétendent, des ouvriers, mais qui représentent aussi le capital, et qu'ils ne viennent pas à la tribune, accepter ce que nous acceptons. (Interruptions à droite. Très bien, très bien, à l'extrême gauche.) »

— M. Basly s'était porté fort au nom des ouvriers ; et son attitude contrastait singulièrement avec le silence des représentants à la Chambre des Compagnies houillères, qui n'avaient eux, aucun pouvoir pour s'engager, au nom de l'ensemble des mines, sans en recevoir le mandat.

Aussi, ce ne furent pas les outrages qui leur furent épargnés !

Mais attendons. Bientôt apparaîtra la véritable moralité de tels engagements.

Le soir même, le gouvernement désignait comme arbitres, avec mission d'intervenir entre les patrons et les ouvriers : MM. Picard, président de section au Conseil d'Etat, Chabrol et Cotelle, conseillers d'Etat, Delafond et de Castelnau, ingénieurs en chef des mines.

Nous n'avons pas à examiner ici, la question de l'arbitrage, mais il nous sera bien permis, à titre documentaire, de constater l'importance considérable de cet événement.

C'est la première fois, que le gouvernement intervenant à titre officiel dans les conflits provoqués par le jeu de la loi naturelle de l'offre et de la demande, invite les parties à se soumettre aux décisions d'un comité arbitral désigné par lui. Ecoutons, ce que dit en parlant de l'arbitrage proposé, un journal de la région du Nord que nous avons déjà cité :

« C'est du socialisme d'Etat et du plus dangereux que le Gouvernement veut faire. Si la théorie du ministère était en effet acceptée, elle ne tarderait pas à s'établir comme une règle, et, à chaque différend qui surgirait entre le travail et le capital, nous verrions l'Etat imposer ses fonctionnaires comme juges suprêmes de la querelle et trancher lui-même les difficultés pendantes. » (Nouvelliste, 22 novembre 1891).

D'autre part, n'est-il pas intéressant de rappeler ce que disait à ce sujet M. Leroy-Baulieu, dont le nom seul, inspire le respect. Il s'exprimait en ces termes :

« Je ne suis pas très partisan de l'arbitrage, parceque l'arbitrage n'est jamais la justice.

« Lorsqu'au sujet d'un différend entre particuliers un arbitre est choisi, il ne cherche pas à s'inspirer de la question de justice absolue, mais il cherche à obtenir des concessions réciproques des deux parties. Si donc le demandeur est dans son droit strict en réclamant, il sera lésé par l'arbitrage, puisqu'il n'obtiendra qu'une satisfaction incomplète.

« L'arbitrage ne clôt jamais un litige d'une façon complète il laisse toujours la porte ouverte à des réclamations ultérieures. Aussi, les ouvriers se montrent-ils habiles en l'acceptant, parce qu'ils savent que, dans tous les cas, ils en retireront un profit. De leur côté, les patrons ont donc cent fois raison de refuser.

« Ce que, par exemple, je ne puis admettre, c'est que l'Etat soit l'arbitre.

« Il a la force en main, et, dès lors, ses propositions arbitrales prennent le caractère tyrannique d'une injonction.

« C'est pour cela que la proposition faite par les mineurs du Pas-de-Calais de prendre M. de Freycinet, dépositaire du pouvoir, comme arbitre du différend me semble attentatoire aux principes de liberté.

« Par la même raison, la désignation pour ce rôle de membres de l'administration, ingénieurs, chefs de bureau ou autres, est non moins injuste.

« Si nous nous en référons encore une fois à ce qui se passe d'ordinaire entre particuliers, nous voyons qu'il est de règle que chacune des parties intéressées choisisse pour constituer le tribunal arbitral un homme de sa confiance, et que, dans le cas où l'accord ne se fait pas entre ceux-ci, les experts en réfèrent à une troisième personnalité dont la décision fait loi.

« Quant à moi, je verrais avec satisfaction introduire en France une coutume analogue à celle qui existe dans certaines mines anglaises. Le salaire de l'ouvrier n'y est pas fixe. Il est réglé suivant une échelle proportionnelle dépendant du prix de vente du charbon.

« On n'y a point atteint encore la perfection sur le terrain social. Aussi ce système, je le confesse, s'il a diminué, là où il est appliqué, le nombre des grèves, n'est-il pas arrivé cependant à les supprimer.

« En ce qui concerne les mineurs du Pas-de-Calais, il faut convenir que leurs revendications se produisent à un bien mauvais moment.

« L'année dernière, la valeur du charbon était élevée et, par conséquent, la plate-forme de leurs revendications était solide. Mais, en ce moment, le prix de la houille est excessivement bas. Les Compagnies perdent. Comment voulez-vous qu'elles creusent leur déficit, en augmentant le salaire de l'ouvrier et en réduisant le nombre des heures de travail ?

« Il faut bien savoir, du reste, que toutes les mines sont loin d'être rémunératrices. Examinez le tableau des dividendes que j'ai là sous la main ; vous pouvez constater combien d'entreprises minières, fondées depuis des dizaines d'années, n'arrivent pas à payer l'intérêt du capital engagé dans leur exploitation ! Est-il raisonnable de leur imposer de nouveaux sacrifices ?

« L'arbitrage, s'il est accepté, se terminera probablement par quelques concessions faites à nouveau aux ouvriers, de manière à leur donner plutôt satisfaction dans la forme que dans le fond : meilleure organisation des caisses de secours, de retraite pour la vieillesse, etc. Mais il me semble difficile que les arbitres puissent modifier pour le moment les tarifs du salaire et l'emploi du temps.

« Aussi verrez-vous se reproduire, dans un avenir prochain, les revendications des travailleurs.

« Je ne crois pas plus aux bienfaits pratiques de l'arbitrage pour les grèves que pour la guerre. On ne l'admet guère quand on est sûr de faire triompher ses revendications par la force. Voyez ce qui se passe chez nos voisins, les Anglais. Dans leur différend actuel avec les Etats-Unis, ils acceptent des arbitres, parce qu'ils ne sont pas bien convaincus que John Bull écrasera Jonathan. Avec le pauvre petit Portugal, au contraire, ils n'ont pas voulu entendre parler d'un semblable jugement de conciliation.

« J'ai toujours comparé la grève à la guerre. On n'arrivera à supprimer ni l'une ni l'autre. Mais on éloignera l'apparition de ces fléaux en les laissant éclater de loin en loin avec violence. A la suite d'une grande guerre, les nations qui y ont pris part se recueillent pendant de nombreuses années, jusqu'à ce que la génération témoin du cataclysme, et quelquefois la suivante, ait disparu.

« Après la période militaire du règne de Louis XIV, on a joui du calme pendant un assez long temps. A la suite du premier empire, nous avons eu près de quarante ans de paix. Et depuis 1870, vous voyez que l'Allemagne et la France se surveillent depuis vingt ans sans s'attaquer.

« Laissez naître une bonne grève, dans laquelle l'un des Partis aura beaucoup à souffrir, soit le capital soit l'ouvrier, et vous verrez qu'à la suite, l'excitation tombera, et nous aurons une période d'accalmie bienfaisante.

« Est-ce qu'on peut empêcher les hommes de se quereller ? »

(*Le Matin* 22 novembre 1891).

— Pendant tout ce temps hélas ! les charbons étrangers font leur réapparition sur le marché français. A Dunkerque, à Calais sont signalés les vapeurs de Newcastle et de Cardiff. De Belgique arrivent des trains complets, tandis que la région de l'Est voit de nouveau apparaître les houilles du bassins de la Rûrh, que depuis quelques années, les sacrifices consentis conjointement par les Compagnies houillères et les chemins de fer, étaient parvenus à supplanter.

De tous côtés l'étranger fait des offres de service. Nous lisons le 24 novembre dans les journaux du pays:

« Une grande Compagnie du nord du pays de Galles a reçu de Paris l'ordre de livrer 5.000 tonnes de houille. Plusieurs Compagnies du Yorkshire ont également reçu de nombreuses commandes de houille ».

C'est ce moment que M. Basly choisit pour faire dans une réunion publique la déclaration suivante :

« Basly annonce qu'il a vu M. Randell député au parlement anglais, lequel lui a promis que les mineurs anglais enverraient des secours aux grévistes du Pas-de-Calais et qu'en outre ils chômeraient une semaine par mois pour empêcher les charbons anglais d'envahir le marché français ». (Le *Nouvelliste* 24 novembre 1891).

Mais n'anticipons pas sur les événements.

Dès le 19 novembre c'est-à-dire le soir du jour où, à la Chambre M. Basly a accepté, au nom des ouvriers, l'arbitrage tel que le proposerait le gouvernement, M. le Préfet du Pas-de-Calais saisissait le Comité des houillères de la décision prise par le Gouvernement, en l'invitant à adhérer aux décisions de la Commission arbitrale désignée par lui. M. le Préfet s'exprimait en ces termes :

Arras, 19 novembre.

« Monsieur le Président,

Dans la séance d'aujourd'hui à la Chambre, M. Basly a déclaré qu'il se faisait fort de faire accepter par les ouvriers mineurs du Pas-de-Calais la décision d'arbitres désignés par le Gouvernement pour régler leur différend avec les exploitants. Le Gouvernement a constitué une Commission de cinq membres qui est prête à se rendre à Arras si les ouvriers confirment les engagements ainsi pris en leur nom et si, de leur côté, les exploitants acceptent de se soumettre à la décision d'arbitres. Le Gouvernement a désigné pour arbitres MM. Picard, Président de section au Conseil d'Etat, Chabrolle et Cotelle, conseillers d'Etat, Delafond et de Castelnau, ingénieurs en chef des mines. Je vous serai reconnaissant de vouloir bien faire connaître d'urgence à M. le Ministre des travaux publics et à moi la réponse du Comité des houillères.

Veuillez agréer.....

Le *Préfet du Pas-de-Calais*.

Signé: ALAPETITE ».

— Le surlendemain, le Comité des houillères, réuni à Douai, informait M. le Ministre des travaux publics qu'il s'inclinait devant sa proposition. Rien n'avait pu arrêter l'Assemblée; ni la gravité de la situation présente, ni la préoccupation du précédent établi, ni les conditions bizarres dans lesquelles la grève s'était déclarée, ni le genre de revendications dont le Comité était saisi, ni la réponse qu'il avait déjà faite. Préoccupé avant tout de témoigner de sa conciliation vis-à-vis des ouvriers, et de sa déférence vis-à-vis du Gouvernement, le Comité ne voulut pas faire attendre un instant l'adhésion que l'on sollicitait de lui.

Le lendemain, les délégués des ouvriers recevaient la circulaire suivante :

« Citoyen, délégué du Syndicat,

« Vous êtes prié d'assister à la réunion générale extraordinaire qui aura lieu le dimanche 22 novembre 1891, à dix heures et demie précises du matin, salle Armand-Gossard, rue de Béthune, à Lens.

« Ordre du jour :

« Délibération sur la proposition du gouvernement, ayant trait à un conseil d'arbitrage sur les faits de grève.

« Pour le secrétaire général :

« *La secrétaire-adjoint*, ADÉLINA LAMENDIN. »

Les mandataires des ouvriers se réunissent, et quel est le résultat de leurs délibérations? Refus d'adhérer à l'arbitrage que, par ses déclarations au nom des ouvriers, M. Basly avait provoqué et avait accepté d'avance. Et quel peut être le motif de cette décision? Si nous en croyons les comptes rendus donnés par les journaux, les ouvriers refusent l'arbitrage parce que les Compagnies l'ont trop facilement accepté.....

Tout est donc de nouveau remis en question. Les ouvriers manifestent le désir de nommer eux-mêmes cinq arbitres qui auraient à se mettre en présence d'arbitres en nombre égal désignés par le comité des houillères.

Activement pressé par le gouvernement, ce dernier se réunit de nouveau le 25 novembre et consent, une fois encore, à souscrire à ce qui lui est demandé. Il désigne cinq délégués et décide que, dans le cas où les arbitres ne pourraient se mettre d'accord, on aurait recours, comme tiers-arbitrage, à la commission primitivement nommée par le gouvernement.

Comme je l'ai déjà dit, je ne veux pas apprécier les faits, je me contenterai de les enregistrer. C'est pourquoi je constate seulement que ce nouvel acquiescement n'aboutit encore à aucun résultat.

Le Syndicat ouvrier prétend que la désignation, d'ores et déjà, de tiers-arbitres est un refus déguisé de se soumettre à l'arbitrage.

Le gouvernement intervient à nouveau et sollicite des Compagnies le retrait de cette réserve.

Une fois encore, les Compagnies s'inclinent devant les desiderata dont elles sont l'objet, et les arbitres se rendent à la convocation de M. le préfet du Pas-de-Calais, sans insister sur la désignation préalable, et pourtant indispensable pour une heureuse issue du conflit en cas de non-entente, de tiers-arbitres nécessaires pour les départager. Il n'échappe à personne, en effet, que, si de la rencontre d'arbitres appelés à statuer sur un litige quelconque ne peut intervenir une solution acceptable, le choix d'un tiers-arbitrage devient d'autant plus difficile, que les esprits se sont plus échauffés par la discussion, et que, pour des personnes désirant sincèrement arriver à une entente, le plus sage est de fixer, dès l'abord, les tiers-arbitrages destinés à les départager le cas échéant, et cela avant que la discussion du litige lui-même ne vienne, comme cela est à craindre, à les séparer encore davantage.

Quoi qu'il en soit, c'est le 27 novembre que se rencontrèrent, à la préfecture d'Arras et en présence de M. le préfet du Pas-de-Calais, les dix arbitres-patrons et ouvriers.

C'étaient MM.

Vuillemin, directeur des mines d'Aniche;
Viala, — — de Liévin;
Dumont, — — de Béthune;
Voisin, — — Dourges;
Kolb-Bernard, — — Courrières;
Basly, député de Lens;
Lamendin, secrétaire général du Syndicat ouvrier;
Beugnet, délégué des ouvriers des mines de Béthune;
Jouveneaux — — de l'Escarpelle;
Paris, délégué-ouvrier.

A ce moment, il faut le remarquer, une fatigue sensible se manifestait chez les ouvriers sans travail; beaucoup d'entre-eux, chez lesquels la misère portait déjà ses ravages, à la Compagnie de Marles notamment, en grève depuis un mois déjà, manifestaient le désir de retourner à la fosse. Aussi, les conversations empreintes d'ailleurs de la plus parfaite courtoisie, tenues entre les arbitres, ne furent-elles pas longues à amener une entente, que la bienveillance des représentants du comité des houillères put cimenter en faisant cette concession toute gracieuse de l'amnistie pour faits de la grève actuelle.

Les patrons comme les ouvriers avaient nettement délimité le terrain sur lequel pouvait s'exercer l'arbitrage. On ne pouvait examiner que les six revendications formulées dès l'abord par le Syndicat des mineurs. On trouvera plus loin les résolutions adoptées par le Comité arbitral et l'on constatera, que, si les ouvriers comprirent l'impossibilité dans laquelle se trouvaient les Compagnies de faire droit à leurs doléances, ces dernières leur concédèrent, comme don de joyeux avénement à la reprise du travail, le pardon des égarements passagers.

Voici le procès-verbal officiel des délibérations de la Commission arbitrales :

« La Commission arbitrale, composée des délégués du Comité des houillères et des délégués du Syndicat des ouvriers mineurs, a arrêté dans ses séances des 27 et 29 novembre 1891 les résolutions suivantes :

« 1° Les délégués des Compagnies veilleraient à ce que les variations de salaires dépendant du hasard des veines et de tout autre élément que la force et l'habileté de l'ouvrier fussent aussi faibles et aussi peu prolongées que possible.

« Ils ont également promis que toutes instructions utiles seraient données aux porions et chefs porions pour que les ouvriers n'eussent à se plaindre d'aucune injustice dans la répartition du travail et du salaire et qu'il y serait tenu la main ;

« 2° Il a été arrêté que les Compagnies prendraient pour base des salaires de tous les ouvriers du fond, les salaires de la période de douze mois qui a précédé la grève de 1889, en y ajoutant les deux primes de 10 0/0 qui ont été accordées depuis et qui seraient maintenues intégralement. Il est bien entendu que cet engagement serait maintenu le plus longtemps possible ;

« 3° Les délégués des deux parties ont émis à l'unanimité le vœu que la loi concernant les caisses de secours et de retraites des ouvriers mineurs fut votée le plus tôt possible par le Parlement et les délégués des deux parties se sont déclarés prêts à accepter tous les sacrifices que le texte définitif de la loi pourra leur imposer.

« 4° La question de la limitation du travail des ouvriers mineurs à huit heures a fait, sur la demande des délégués ouvriers, l'objet d'un débat. Les délégués des Compagnies ont fait observer que le travail effectif dans les mines du Pas-de-Calais n'était guère de plus de huit heures et que cette durée de travail donnant en hiver une extraction à peine suffisante, il ne leur paraissait pas possible d'aller plus loin ;

« 5° Les Compagnies s'engagent à ne pas remettre de livrets pour cause de la grève actuelle : mais elles réservent leur liberté à l'égard de ceux de leurs ouvriers qui ont été condamnés pour délits de droit commun.

« M. Vuillemin a fait connaître que la Compagnie de Ferfay par lettre du 28 novembre, s'est séparée du Comité des houillères et qu'en conséquence elle ne sera pas engagée par les résolutions de la Commission arbitrale.

« La Compagnie de Marles, dont la grève est antérieure à la grève générale, a tenu jusqu'à présent à réserver sa liberté d'action sur l'article 5. — Ont signé les dix arbitres. »

— Le 29 novembre, le Comité des houillères se réunissait et approuvait l'attitude de ses délégués qui signaient ensuite la paix avec les délégués ouvriers.

Le lendemain matin à Lens, les délégués ouvriers de toutes les Compagnies, acclamaient la fin de la grève et le mardi, les 40.000 ouvriers en grève se remettaient au travail.

Aussitôt que l'on apprit dans les corons la nouvelle de la cessation de la grève, une joie délirante s'empara de tous les esprits, des drapeaux furent arborés à toutes les maisons, les fenêtres furent illuminées, et les décharges d'artillerie donnèrent le signal des réjouissances, tout comme en un jour de fête publique. Cette joie spontanément manifestée, à la même heure dans tous les milieux ouvriers, contrastait singulièrement avec le silence morne qui signalait les jours de grève. C'était un indice frappant du peu d'ardeur que la majorité des ouvriers apportait dans le chômage.

Hélas, ce n'était qu'une trêve, et dès le vendredi suivant c'est-à-dire, le 4 décembre, les esprit s'agitent de nouveau.

Comme nous l'avons vu, les Compagnies houillères n'avaient pu condescendre aux desiderata des ouvriers; mais le syndicat, craignant avec justesse que les ouvriers qui se fatiguaient visiblement de la grève ne retournent au travail sans son invitation, avait voulu lui-même donner le signal de la reprise du travail, en se mettant d'accord avec le comité des houillères.

Mais les racontars et les renseignements inexactement donnés sur les résultats de l'arbitrage, d'une manière plus ou moins intentionnelle, par certains organes de la presse locale, firent croire aux ouvriers que ces quinze jours de grève leur avaient obtenu ce qu'ils n'avaient réellement pas.

Aussi, dès les premiers jours de la reprise du travail, l'étonnement fit bientôt place chez eux à des récriminations que l'on comprendra aisément. De là, une agitation sourde, dégénérant bientôt en reproches amers à l'égard des délégués, en plaintes, en violences.

« Lundi dernier, d'un bout à l'autre du bassin houiller, retentissait le cri de : vive le syndicat! Les maisons étaient pavoisées, des pétards éclataient en signe de réjouissance dans tous les corons.

« Aujourd'hui le syndicat est presque suspect. Dans toute l'étendue du bassin houiller, on colporte ce mensonge aussi injurieux pour les Compagnies que pour les délégués des mineurs, à savoir : que les arbitres ouvriers auraient reçu de grosses sommes d'argent pour signer le procès-verbal d'arbitrage.

« Cette affirmation est aussi ridicule que grotesque, mais vous connaissez ces vers de Casimir Delavigne :

> Plus une calomnie est difficile à croire
> Plus, pour la retenir, les sots ont de mémoire.

« Le malheur c'est qu'il paraît y avoir beaucoup de sots dans le cas présent, car cette calomnie a fait son chemin ; les accusations sont formelles, on va jusqu'à dire à quel prix les arbitres ouvriers sont vendus ! » (*La Dépêche* 8 décembre 1891).

C'est dans la Compagnie de Béthune qu'éclata l'orage, par la cessation du travail, le samedi matin 5 décembre.

Ce n'était plus cette fois contre la Compagnie que s'élevaient les travailleurs. C'était contre ceux, que quelques heures auparavant, ils couvraient d'éloges, ceux qu'ils saluaient de cris enthousistes. Les délégués du syndicat sont brûlés en effigie, insultés, battus et la la confusion est à son comble. Néanmoins, la situation peut devenir grave d'un moment à l'autre, car la grève peut de nouveau s'étendre à tout le bassin et embraser une fois encore le pays entier. Les ouvriers de la Compagnie de Béthune se réunissent et rédigent un nouveau cahier de doléances, qui devra être soumis à la Société. Ces doléances représentent celles qui ont déjà été apportées au comité des houillères, et sur lesquelles la commission arbitrale a statué ; jugement que ne reconnaissent pas les ouvriers.

A ces réclamations, primitivement présentées, viennent s'ajouter de nombreux désiderata se rapportant toujours à cette quadruple idée : augmentation des salaires, diminution de la journée de travail, organisation de la caisse de retraite, amnistie et réintégration des ouvriers congédiés.

Il n'est pas sans intérêt d'examiner rapidement ces quelques points.

Le salaire moyen que les Compagnies s'étaient engagées, devant le tribunal arbitral, à maintenir le plus longtemps possible, était de 5 fr. 78 ; le salaire des ouvriers de Béthune dépassait 6 francs et la Compagnie s'engageait à ne pas le diminuer.

Pourquoi donc réclamer ?

Et d'ailleurs, voici, à titre de document, la moyenne des salaires par trimestre depuis le 1ᵉʳ janvier 1889. On se rappelle qu'au mois d'octobre de cette même année, à l'occasion d'une grève qui avait sévi parmi les charbonnages, le comité des houillères avait accordé une augmentation de 10 0/0. Une deuxième augmentation de 10 0/0 avait également été consentie pour le comité, dans le courant de l'année 1890. Et si l'on s'en rapporte aux chiffres qui suivent on verra que la Compagnie de Béthune, en cause en ce moment, ne s'était pas contentée de ces deux augmentations d'ensemble 20 0/0 et, à différentes reprises, avait relevé les salaires dans une proportion de 12 0/0; soit 32 0/0. Fait remarquable, mais habituellement constaté, l'effet utile suivait constamment une marche inverse à celle des salaires.

Compagnie de Béthune

Moyenne des salaires par trimestre depuis le 1ᵉʳ janvier 1889.

	Aides compris	Aides déduits
1ᵉʳ Trimestre 1889.............	4 551.............	4 824
2ᵉ —	4 523.............	4 794
3ᵉ —	4 620.............	4 897
4ᵉ —	5 710.............	6 076
1ᵉʳ Trimestre 1890.............	5 541.............	5 91
2ᵉ —	4 786.............	6 083
3ᵉ —	5 960.............	6 38
4ᵉ —	6 250.............	6 74 *
1ᵉʳ Trimestre 1891.............	5 97	6 34
2ᵉ —	5 91	6 28
3ᵉ —	5 87	6 20
1ᵉ Première quinzaine d'octobre.................		6 20
2ᵉ Deuxième —		6 33

— Il en est de même en ce qui concerne la journée de travail.

Les descentes commencent à 5 heures et la remonte à 2 heures, soit une présence de 9 heures, dont on doit défalquer le temps consacré à l'aller et au retour du chantier et le temps du repos ou du déjeuner d'environ une demi-heure à trois quarts d'heure. C'est en somme une durée de travail utile inférieure à 8 heures.

La situation de l'industrie française ne permet pas, quant à présent du moins, de modifier cet ordre de choses. Cette conclusion résulte d'un document officiel publié par le ministère des travaux publics, à la date du 31 octobre 1891, sous le titre: « Dépouillement

---

(*) Ce trimestre correspond à la période d'hiver pendant laquelle les ouvriers avaient conservé l'habitude d'augmenter leurs efforts. C'est dans le courant du mois de décembre 1890 que sous l'influence du syndicat, ils ont commencé à restreindre leur effet utile, tout en réclamant la journée de 8 heures.

de l'enquête sur les conditions du travail dans les exploitations souterraines ».

On y lit en effet page 67 :

« En somme, le travail effectif varie, pour les différentes mines, entre 7 heures 1/2 et 8 heures. Les repos sont réduits au minimum ; de sorte que toute réduction d'heures de travail, porterait sur le travail effectif, et entraînerait une réduction correspondante de production.

« La journée de 9 heures, est de fait, appliquée dans ce bassin (celui du Nord et du Pas-de-Calais), mais la journée de 8 heures, y produirait une diminution de production de 1/8 environ, soit par an d'environ 1.100.000 tonnes. Nous avons vu qu'on ne pourrait pas recruter un personnel suffisant, pour maintenir la production. Mais si le recrutement était possible, il s'en suivrait certainement des chômages pendant l'été. Déjà maintenant l'abandon des longues coupes depuis la dernière grève, fait que les Compagnies trouvent difficilement à occuper tous leurs ouvriers, pendant la saison d'été. Avec un personnel plus considérable, à production individuelle réduite, l'arrivée de la morte saison nécessiterait le renvoi d'un grand nombre d'hommes ; mais cette éventualité n'est probablement pas à prévoir, la loi des 8 heures occasionnerait une diminution de la production, et une hausse du prix de revient, qui risquent d'être fort préjudiciables à la prospérité des entreprises. »

— Si nous arrivons à la question des caisses de retraites, nous nous trouvons en présence d'une difficulté bien plus grande encore. On sait que les ouvriers dans toutes leurs doléances réclamaient la réorganisation de ces institutions. Et cela se comprend facilement ; si chacune des Compagnies a, depuis plus ou moins longtemps, une caisse de retraites dont l'organisation est à peu près la même partout, il n'est pas moins vrai qu'un ouvrier qui abandonne la Société dans laquelle il travaillait, pour planter sa tente ailleurs, perd les droits à la retraite, antérieurement acquis en même temps que ses droits d'ancienneté.

C'est, ému de cette situation que le Comité des houillères avait depuis de longues années, demandé à l'Etat, la création d'un livret individuel, que l'ouvrier emporterait avec lui dans les différentes Compagnies où l'entraîneraient ses goûts plus ou moins voyageurs et qui lui permettrait ainsi de bénéficier, à l'issue de sa carrière, d'une retraite à laquelle participeraient les Compagnies où il aurait été employé, et cela proportionnellement à ses services dans chacune d'elles.

Ces propositions du Comité des houillères sont consignées dans les différents rapports parlementaires traitant de la question et notamment dans celui de M. Audiffred, député,

Quoi qu'on ait pu dire et penser, l'institution de ce livret individuel nécessitait l'association de toutes les Compagnies dans l'œuvre commune des retraites, la participation des patrons, le taux des versements et le chiffre des pensions devant être uniforme, et ne pouvait par conséquent être l'œuvre que d'une loi. Car devant la loi seule, s'inclinent non seulement les bonnes volontés dont le mode d'appréciation peut être souvent contradictoire, mais encore, les différents intérêts en présence, qu'il est si difficile de mettre d'accord.

C'est pourquoi, comme je l'ai dit plus haut, le comité des houillères avait depuis de longues années demandé au législateur la création du livret individuel qu'il lui était impossible d'instituer et de faire fonctionner s'il était réduit à ses seules forces.

Malheureusement, cette étude, comme tant d'autres, fut poussée avec une si sage lenteur, que, aujourd'hui encore, elle attend dans les cartons des bureaux parlementaires, la solution désirée.

En somme, les doléances des ouvriers à ce sujet ne font que confirmer le Comité des houillères dans ses intentions premières. C'est pourquoi, les arbitres patronaux et ouvriers sont-ils tombés aussitôt d'accord pour solliciter une loi sur les retraites dans le plus bref délai possible.

Je n'insisterai pas autrement sur cette question pourtant si intéressante, si je ne tenais à faire remarquer que c'est précisément dans la Compagnie de Béthune, là où de l'aveu des intéressés eux-mêmes, l'organisation de la caisse de retraite était de nature à leur donner, pour le moment du moins, plus de satisfaction que partout ailleurs, que les récriminations furent les plus violentes et que la sanction arbitrale ne fut pas respectée.

Disons, à titre d'exemple, deux mots sur l'organisation de cette institution.

La caisse de secours et de retraite est gérée à Béthune par un comité de direction composé de trois représentants de la Compagnie et de six ouvriers (un par fosse) nommés par leurs camarades.

La caisse de secours qui doit faire face aux secours ordinaires et extraordinaires, surtout en cas de maladie, est alimentée par un versement de 1 1/2 pour cent, opéré par les ouvriers sur leurs salaires, et par un versement de 1 0/0 des salaires, effectué par la Compagnie; cette caisse bénéficie également, de toutes les amendes infligées aux ouvriers.

Les secours et frais de traitement, pour blessures, restent à la charge de la Compagnie. Voici d'ailleurs le tarif des secours ordinaires :

CATÉGORIES BASÉES SUR LE SALAIRE JOURNALIER	MALADE ALLOCATION QUOTIDIENNE sauf les dimanches et jours de fête	BLESSURE devant entraîner un chômage de moins d'un mois. ALLOCATION QUOTIDIENNE sauf les dimanches et jours de fête	Fracture, luxation, amputation d'un ou plusieurs doigts, blessures devant entraîner un chômage d'un mois ou plus. ALLOCATION QUOTIDIENNE	AMPUTATION d'un bras ou d'une jambe ALLOCATION QUOTIDIENNE	OBSERVATIONS
1° Ouvrier marié gagnant 4 fr. et au-dessus.	1 50	1 80	2 10	2 50	
2° d° célibat. d° d°	1 20	1 45	1 70	2 »	
3° d° marié gagnant 3 25 à 3 95.......	1 20	1 45	1 70	2 »	Les mouleurs et les aides-mineurs appartiennent à ces catégories.
4° d° célibat. d° d°	0 95	1 15	1 25	1 60	
5° d° marié gagnant 2 50 à 3 20.......	0 95	1 15	1 25	1 60	
6° d° célibat. d° d°	0 75	0 90	1 05	1 25	
7° Ouvrier gagnant de 2 00 à 2 45.........	0 60	0 70	0 80	0 95	
8° d° d° 1 50 à 1 95.........	0 45	0 55	0 65	0 80	
9° d° d° moins de 1 50.........	0 35	0 42	0 50	0 65	

Quant à la caisse de retraite, elle est alimentée par un prélève-
ment de 1 1/2 0/0 opéré sur les salaires et par un versement de 2 0/0
effectué par la Compagnie. De ce chef, la Compagnie prend à forfait
le service de toutes les pensions, et s'engage à combler tous les
déficits, pouvant subvenir en fin d'exercice, sans bénéficier des
excédents, si jamais il s'en produisait.

Tout ouvrier ayant travaillé au moins dix ans à la Compagnie
et devenu impropre aux travaux du fond et du jour, a droit à sa
retraite, conformément au tableau suivant, lorsque l'incapacité de
travail a été régulièrement constatée par deux des médecins de la
caisse de secours.

Ouvriers mineurs ayant :					Par mois.	Par an.
30 ans ou plus de service et ne pouvant plus travailler					60 fr.	720 fr.
29 ans de service et ne pouvant plus travailler				.....	59	708
28	—	—	—	.....	58	696
27	—	—	—	.....	57	684
26	—	—	—	.....	56	672
25	—	—	—	.....	55	660
24	—	—	—	.....	54	648
23	—	—	—	.....	53	636
22	—	—	—	.....	52	624
21	—	—	—	.....	51	612
20	—	—	—	.....	50	600
19	—	—	—	.....	49	588
18	—	—	—	.....	48	576
17	—	—	—	.....	47	564
16	—	—	—	.....	46	552
15	—	—	—	.....	45	540
14	—	—	—	.....	42	504
13	—	—	—	.....	39	468
12	—	—	—	.....	36	432
11	—	—	—	.....	33	396
10	—	—	—	.....	30	360

Les pensions des hercheurs et des ouvriers de jour sont calculées sur la même base, mais réduites d'un tiers.

Celles des veuves sont calculées au tiers de la pension du
mari. Elles cessent du moment où la veuve se remarie.

Des pensions provisoires peuvent être accordées par le conseil
de la caisse de secours à des ouvriers qui auraient moins de dix ans
de services à la Compagnie, mais plus de cinq ans, ainsi qu'à leurs
veuves.

En outre, et c'est un point sur lequel il faut insister, car on ne rencontre ces dispositions qu'à la Compagnie de Béthune, la Société restitue à tout ouvrier dont elle est obligée de se séparer la totalité des versements opérés par ce dernier à la caisse de retraite.

Au surplus, la presse qui a rempli tant de colonnes d'études spéciales, au moment des dernières grèves, nous donne par la voie d'un journal, sans attache avec les pays houillers, des appréciations prises sur le vif, qu'on relira certainement plus tard avec intérêt :

« En prédisant il y a huit jours, que les grèves de mineurs seraient périodiques dans le Pas-de-Calais, je ne croyais pas être si bon prophète. Voilà les ouvriers de la Compagnie de Béthune en grève de nouveau, 2.500 chôment sur 2.650. Je leur ai demandé pourquoi. — Parce que nous ne gagnons pas assez. — Et quel salaire demandez-vous ? — 6 fr. 60. — Leur salaire est de 5 fr. 94 l'un dans l'autre.

« Le public s'étonnera que les mineurs se délient de l'engagement qu'ils ont pris envers leurs patrons de se contenter du salaire de 1889 augmenté de 20 0/0. S'ils se divisent c'est qu'ils n'ont pas eu soin de préciser leurs réclamations, c'est qu'ils ignoraient, en acceptant la décision des arbitres, que le salaire déterminé par ceux-ci ne dépassait pas celui qu'ils touchaient avant la grève. En effet, après comme avant, le salaire est resté le même. Même dans certaines mines, si les Compagnies avaient appliqué les résolutions de l'arbitrage au pied de la lettre, la paye aurait été inférieure à ce qu'elle était précédemment.

« Dans toute décision d'arbitrage à venir, quelle peut être la valeur de la signature des délégués ouvriers, si ceux-ci sont désavoués par leurs mandataires ? Lamendin est venu à Bully-Grenay (centre d'exploitation de la Compagnie de Béthune) pour recommander le travail ; il n'a pas été écouté. La Compagnie n'est-elle pas dégagée dès lors envers lui et envers ses quatre camarades ? Elle ne congédiera personne parmi ceux qui ont poussé à la grève. Mais si elle le faisait ne serait-elle pas dans son droit ?

« Et cependant, m'a dit un ingénieur, il suffirait de vingt hommes renvoyés de notre personnel pour la remettre en paix. Ces vingt font du bruit comme mille. Ils ont commencé par suspecter le délégué ouvrier qui avait été envoyé à Arras pour l'arbitrage, par l'accuser de s'être laissé acheter par les patrons. Le lendemain, ils ont si bien travaillé qu'on ne voit plus personne aux fosses. Tout le monde est aux estaminets. Lamendin avait dit : « Maintenant à chaque contestation, arbitrage, et si l'on ne s'entend pas, grève ». Or, de contestation, il n'y en a pas officiellement. A l'heure où j'écris, les grévistes n'ont pas encore fait connaître à la compagnie leurs

griefs. Celle-ci en est réduite à apprendre par les journaux les prétentions des grévistes.

« C'est ainsi qu'elle a appris leur intention d'aller cette nuit aux
abords des fosses, arracher de leur poste, mécaniciens et chauffeurs,
au risque d'un éclat de chaudière, de l'inondation de la mine, du
noyage des chevaux qui y séjournent. Alors elle a demandé secours
au préfet du Pas-de-Calais. Celui-ci vient d'envoyer 200 hommes du
73e d'infanterie en garnison à Béthune et une compagnie du génie
d'Arras. Cette troupe est arrivée ce soir à 6 heures 11. Elle sera can-
tonnée aux fosses où chauffeurs et mécaniciens seront couchés et
nourris pour leur épargner le risque d'être débauchés dans le trajet
de la mine à leur domicile.

« Il n'y a qu'un cri pour que cette incertitude finisse. Une industrie
ne peut prospérer si elle est menacée de chômage tous les matins.
Impossible dans ces conditions à une compagnie minière d'assurer à
ses clients leur fourniture de charbon. Il faudra trouver autre chose
pour fixer les relations d'ouvriers à patrons. Le système d'arbitrage
inauguré à Arras ne vaut rien si les patrons observant les clauses,
les ouvriers ne les observent pas. La partie n'est pas égale. On pense
bien que le Comité des houillères ne va pas intenter une action en
justice au syndicat pour inobservance du traité de paix.

« Cette inobservance ne trouverait son excuse que dans un mécon-
tentement profond causé par le dénuement. Or, je le demande à
quiconque a visité une habitation de mineurs, a suivi celui-ci du
matin au soir dans ses travaux et dans ses plaisirs, n'est-ce pas que
son sort est enviable, comparé avec celui de vingt autres métiers?
Outre les 5 fr. 94 de salaire pour huit heures de travail (neuf heures
avec l'aller et le retour) voulez-vous que je vous énumère les avantages que la compagnie de Béthune leur a accordés, afin de les atta-
cher à la mine? Les voici :

« Construction de logements commodes pour lesquels le mineur
paye une redevance de 5 à 6 francs au plus par mois. Cette redevance
étant insuffisante pour rémunérer la compagnie, la perte de celle-ci
est de 185.000 francs par an.

« Les versements à la caisse de secours se montent à 172.000 fr.
qui se sont grossis l'an dernier de 14.000 fr. de subsides divers.

« Les quatre mille personnes employées par la compagnie n'ont
pas consommé moins de 208.000 fr. de charbon que celle-ci leur fait
porter à domicile.

« Pour encourager les mineurs à tenir proprement leur maison et
à cultiver leur jardin, la compagnie y fait une fois par an une visite
et ceux de qui elle a remarqué le zèle en sont récompensés par une
prime; ci : 6.000 fr.

« Ces quatre mille personnes possèdent 700.000 fr. versés à la caisse d'épargne qui leur donne 4 0/0 d'intérêt. La différence entre ce taux et celui de 3 66 0/0 (déduction des frais) qui est le taux réel de la caisse d'épargne, c'est la compagnie qui le solde ; coût 2.300 francs.

« La Compagnie a monté une boulangerie qui vend du pain (du bon pain, j'en ai goûté), à un prix modique. Encore réalise-t-elle des bénéfices, 33.000 fr. qui sont répartis entre les mineurs au prorata de leur consommation.

« Si vous ajoutez à toutes ces sommes 7.000 fr. de subvention à des sociétés de musique et autres, le total monte à 628.000 fr., qui, divisés par le nombre du personnel (4.300), donne un bénéfice de 48 centimes par jour pour chacun. C'est juste le chiffre d'avantages accessoires que M. Villemin avait indiqué dans sa réponse aux premières réclamations des ouvriers.

« Et le médecin est gratuit, les médicaments aussi ; les écoles, c'est la compagnie qui les défraie, 66.000 fr. par an. Les mineurs qui professent le catholicisme sont bien aises aussi que la compagnie fasse les frais de leur culte. Bref, un ouvrier de Paris, dont le salaire est de 10 fr. par jour, est sans contredit, moins rémunéré que le mineur.

« Pendant que j'écris, les grévistes sont en train de se quereller dans un estaminet. Ils tiennent conseil pour savoir s'ils travailleront demain. On croit que ceux qui sont pour la reprise du travail l'emporteront. Mais peut-être y aura-t-il des coups. Pour entraîner les indécis et détruire l'effet de faux bruits, la Compagnie dément par affiches qu'elle ait l'intention de baisser les salaires. Le travail reprendra sans doute après demain au plus tard. Mais, tant que la Compagnie n'aura pas recouvré le droit de congédier quelques têtes brûlées, il suffira d'un rien pour rompre l'accord. La grève restera endémique. » (*La France*, 8 décembre 1891).

— On voit que les ouvriers en grève mangent du bon pain qu'un journaliste parisien, loin de son asphalte et probablement fort dépaysé à cette époque de l'année, au milieu des champs, ne considérerait pas comme indigne de lui.

Hélas ! cette institution bienveillante était à ce moment pour les exploitants une menace, grosse de périls. Et c'est ainsi que le *Figaro*, avec son scepticisme habituel, montrait quels dangers peuvent se créer, à un moment donné, les industriels qui, non contents d'avoir avec leurs ouvriers, les rapports ordinaires du capital et du travail, s'occupent également de ses besoins matériels, en même temps que de ce que réclament chez tout homme l'intelligence et le cœur :

« On s'est un peu pressé d'affirmer que la grève ne durerait
pas. Je crois, moi, qu'elle peut durer.

« Les ouvriers n'ont pas d'argent, dites-vous? C'est une erreur.
Ils toucheront leur quinzaine après demain, et les voilà munis pour
quelque temps. Ils sont également approvisionnés de charbon gratuit, et ils ne commenceront à en manquer que vers le 5 ou le 6 décembre... Et puis, il y a le crédit, dont ils useront et qu'aucun four-
nisseur ne leur refusera. Sans parler des libéralités involontaires de
certaines Compagnies qui subventionnent la grève à leur insu.

« C'est, par exemple, le cas de la Compagnie de Bully-Grenay.
Elle a une boulangerie économique qui fournit quotidiennement aux
mineurs trois mille kilos de pain à *dix-huit centimes* au-dessous du
cours. C'est un cadeau cela. Voilà Bully-Grenay en grève. Que va
faire la Compagnie? A plusieurs kilomètres à la ronde, elle a tué la
concurrence des boulangeries; elle est donc seule à pouvoir assurer
le pain de ses grévistes.

« Si elle le leur refuse, on dira qu'elle les affame. Elle ne le vou-
dra pas. Elle continuera à faire à ses ennemis un cadeau de trois
sous par kilo de pain vendu. Je le répète : elle subventionnera sa
propre grève. Avouez que voilà une philanthropie étrangement ré-
compensée... » (*Le Figaro*, 21 novembre 1891).

— En essayant de disséquer rapidement les pensées qu'on ren-
contrait partout dans le monde ouvrier pendant la grève, je me
suis laissé entraîner à une digression. Mais elle me ramène à mon
sujet.

— La grève, qui, comme nous l'avons vu, avait éclaté de nouveau, le 5 décembre, dans la Compagnie de Béthune, déchirant le
pacte signé entre les arbitres et donnant la preuve de la désillusion
ouvrière, prit fin le huit au matin, sans que la situation ait été
changée.

Les ouvriers se sont de nouveau remis au travail, n'ayant pu
obtenir ce que la Compagnie ne pouvait pas leur donner, mais em-
portant au fond du cœur, ce sentiment profond d'amertume de
l'homme qui a beaucoup espéré, qui a beaucoup souffert, qui a été
déçu et qui n'a plus foi dans ceux en lesquels il avait placé une
aveugle confiance.

Pour un observateur impartial qui a vu ces choses de près, et
qui a noté fidèlement au jour le jour les événements, l'histoire de
la grève générale des mineurs du Pas-de-Calais en 1891, peut se
résumer ainsi :

En moins de 2 ans, le syndicat ouvrier est devenu une puissance considérable. Fier de son succès, il songe à donner une grande

preuve de son autorité, en s'élevant, comme il l'a dit, puissance contre puissance ; puissance ouvrière contre le capital.

Il fait plébisciter la grève générale, et essaie de la justifier ensuite, par l'élaboration d'un cahier de doléances, qu'on sait, pour la majeure partie irréalisables.

Au bout d'un certain temps de chômage, sentant par l'auscultation des masses, que la faim, cette terrible conseillère, pousse au travail des hommes que la violence seule a pu en arracher, comprenant que si le travail reprend sans son ordre, son autorité morale sera singulièrement menacée, le syndicat décide la fin de la grève, se met d'accord avec le comité des houillères en abandonnant des prétentions qu'il savait inacceptables, et donne alors le signal de la reprise du travail. Mais l'ouvrier, auquel on a fait faire grève, qui l'a subie, qui en a souffert et qui en a espéré quelques résultats, déçu, exaspéré, s'insurge ; mais cette fois, c'est contre son idole d'hier.

Et à l'heure où j'écris ces lignes, l'école socialiste de Gand, semant la division dans les corons, porte à l'organisation syndicale un coup dont elle ne se relèvera peut-être pas.

Décembre 1891.

Grande Imprimerie, 19, r. du Croissant, Paris— Gardanne.

www.ingramcontent.com/pod-product-compliance
Lightning Source LLC
Chambersburg PA
CBHW060811280326
41934CB00010B/2640

*9 7 8 2 0 1 4 5 1 4 9 5 7 *